○ **STERZING**

Spinnradl
St. Leonhard im Passeiertal

Gompm Alm
Schenna

Brunnenburg
Dorf Tirol

○ **MERAN**

BRIXEN

Schloss Juval
Naturns

Kränzelhof
Tscherms

Stoanerne Mandln
Sarntal

○ **KLAUSEN**

Thomas Guitars
Bozen

○ **BOZEN**

LEIFERS ○

Bletter-bachschlucht
Aldein

Lightcatcher
Auer

Weingut Pfitscher
Montan

Lederhosen-schneiderei
Salurn

DANKSAGUNG

Ein besonderer Dank geht an meine Schwester Evi Hilpold und den Fotografen Sebastian Riepp, die mich auf dieser wundervollen Reise durch meine Heimat Südtirol begleitet haben.

Max von Milland

Hoamkemmen

Ein Roadtrip durch Südtirol mit
MAX VON MILLAND

TAPPEINER.

Inhalt

Liebe Leser:innen,

mein Name ist Max von Milland. Für alle, die mich nicht kennen und dieses Buch jetzt gerade von einem netten Menschen geschenkt bekommen haben oder es zufällig in der Hand halten – ich bin Musiker und Songwriter und schreibe meine Lieder im Südtiroler Dialekt. Geboren und aufgewachsen bin ich in der idyllischen Stadt Brixen im Eisacktal, genauer gesagt im Stadtteil Milland. Ich liebte und liebe meine Heimat Südtirol von ganzem Herzen, trotzdem zog es mich nach der Matura mit 19 Jahren in die Ferne. Genauer gesagt nach Berlin. Ich wollte ein Jahr in der fast 4-Millionen-Einwohner-Stadt bleiben, um Erfahrungen zu sammeln. Wie das Leben aber so spielt, am Ende waren es acht ganze Jahre.

In einer Großstadt zu leben, die man ohne zu lügen als kompletten Gegenentwurf zu Südtirol bezeichnen kann, hat mich meiner Heimat nähergebracht, sie mich neu entdecken lassen. Ich habe zu schätzen gelernt, welchen faszinierenden Ort der Welt wir Südtiroler:innen als unser „Dahoam" bezeichnen dürfen und wie es uns in unserer Lebensweise beeinflusst. So wie mir erging es vielen Südtirolern:innen meiner Generation. Wir sind in der priviligierten Lage, einen Teil unseres Lebens im Ausland verbringen zu dürfen und kommen mit den unterschiedlichsten Erfahrungen wieder „hoam". Aber egal, ob weggegangen oder Zuhause geblieben, eine junge, neue Generation ist gerade dabei, Südtirol neu zu gestalten. Eine mitreisende Energie und ein unglaublicher Tatendrang sind zu spüren, was mich dazu inspiriert hat, diese unterschiedlichen Facetten Südtirols in einem Buch zusammenzuführen.

Ich möchte euch mitnehmen auf meinen Roadtrip durch dieses einzigartige Land mit seinen inspirierenden Menschen. Dabei tiefer eintauchen
und zeigen, dass Südtirol mehr zu bieten hat als Rotwein und Äpfel. Ich
treffe junge, unerschrockene Unternehmer:innen, die entweder bestehende Familien-Betriebe neu erfinden oder eigene Firmen gründen.
Nachhaltig und modern. Künstler:innen, die es aus Südtirol hinaus zur
Weltspitze in ihrem Genre geschafft haben, und ich besuche Naturphänomene, die aufzeigen, wie vergänglich unser kurzes Leben im Vergleich zur Erdgeschichte ist.

Durch alle Begegnungen auf meiner Reise zieht sich aber eine Erkenntnis:
Südtirol bzw. Südtiroler:innen schaffen den Spagat zwischen Tradition und
Moderne. Zwischen Brauchtum und Instagram. Angetrieben von Leiden-
schaft und Herzblut.

Also, steigt ein!   Euer *Max von Milland*

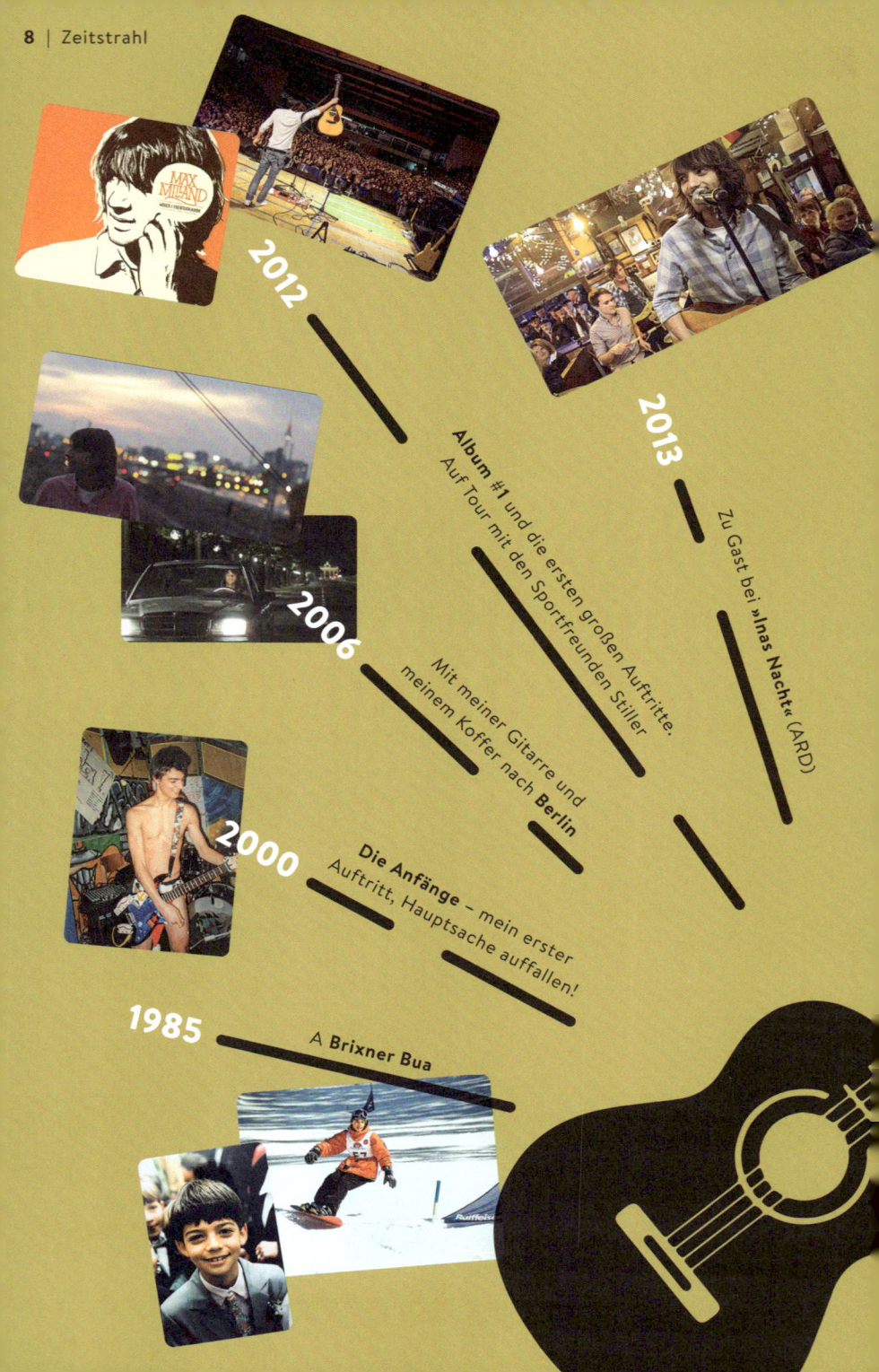

2012

2013

Zu Gast bei »Inas Nacht« (ARD)

Album #1 und die ersten großen Auftritte.
Auf Tour mit den Sportfreunden Stiller

2006

Mit meiner Gitarre und
meinem Koffer nach **Berlin**

2000

Die Anfänge – mein erster
Auftritt, Hauptsache auffallen!

1985

A **Brixner Bua**

München,
Olympiahalle

Bruneck,
UFO

MAX VON
MILLAND
BRING MI HOAM

2016

2018

2019

2020

Album #**2**. Jetzt auf Tour mit a-ha

Album #**3** und ausverkaufte Konzerte

Bei einer **Songwriting-Session** mit meinem
Produzenten Kiko Masbaum

Hier entstand der Song „Über'n Berg"
feat. LaBrassBanda

Album #**4** mit einem Cover-Foto vom
Südtiroler Künstlerduo Lightcatcher

Ständig unterwegs und
dabei **Brixen immer im
Herzen**

2021

Stolzer Botschafter
meiner Heimatstadt

DER KIRCHTURM IM RESCHENSEE

Idylle auf den ersten Blick

Man muss es so sagen: Es ist ein magischer Ort. Auch wenn der herausragende **Kirchturm im Reschensee** wohl zu einem der beliebtesten Fotomotive Südtirols zählt und vermutlich in jedem Fotobuch oder auf jeder Festplatte eines Südtirol-Gastes zu finden ist. Den Ort umgibt einfach eine sagenhafte Aura. Das hat vor allem auch mit der Geschichte dieses Sees und dem damit verbundenen Schicksal der Gemeinde Graun zu tun. Denn so idyllisch dieser Ort im oberen Vinschgau auch wirken mag, der Stausee ist ein Relikt des italienischen Faschismus und seine Entstehung hinterlässt bis heute tiefe Wunden, vor allem bei der älteren Bevölkerung des Ortes. Denn 1950 wurde Alt-Graun geflutet und ein komplettes Dorf damit zwangsumgesiedelt, ohne nennenswerte Entschädigungen oder gar Rücksichtnahme auf persönliche Schicksale. 150 Familien verloren dabei all ihr Hab und Gut und damit ihre Existenz.

Nun kann (und soll) man solche Geschehnisse nicht vergessen, sie sind wichtig als Mahnung zum respektvollen Miteinander und für ein friedliches Zusammenleben in der Zukunft. Trotzdem sind sie leider unumkehrbar und auch wenn es abgedroschen klingt: Die Zeit heilt alle Wunden. Dort, wo früher ein Bauprojekt unter faschistischer Leitung entstand, können heute verschiedenste Menschen aus unterschiedlichen Nationen und Gesinnungen mit ihrem Kiteboard durch die Lüfte gleiten, mit den E-Bikes um den See radeln oder sich im Ziel des 15,3 Kilometer langen Reschenseelaufs erschöpft, aber überglücklich in den Armen liegen. Das sind die Bilder, die sich ein idyllischer Reschensee mit all seiner Historie mehr als verdient hat!

LASA MARMO

A Stückl Südtirol für die Welt

Ok, bei Lasa Marmo handelt es sich natürlich weder um einen Geheimtipp noch um ein kleines aufstrebendes Start-up. Im Gegenteil, Lasa Marmo ist ein globaler Marmor-Lieferant und damit eine Konstante in der Südtiroler Wirtschaft.

400 Millionen Jahre alt...

Der Oculus-Bahnhof in New York am Ground Zero, das Queen-Victoria-Denkmal in London, der Pallas-Athene-Brunnen in Wien – vielleicht sind wir alle schon mal dem Vinschgauer Marmor begegnet und wussten es nicht. Nichtsdestotrotz interessierte mich der Gedanke, so ein besonderes und wunderschönes Gestein in den heimischen Bergen zu finden. Gestein, das vor ca. 400 Millionen Jahren unter unglaublichen Naturgewalten zu dem geformt wurde, was wir heute auf der ganzen Welt bestaunen. Schon das Lager im Tal mit tausenden versandfertigen Marmorblöcken strahlt eine unglaubliche Eleganz und Erhabenheit aus. Ganz zu schweigen vom Marmorbruch selbst auf 1500 Metern Höhe. Meterhohe Gallerien inmitten von Marmorgestein und die Erkenntnis, dass das alles schon so lange vor uns da war. Ein Gefühl von Demut stellt sich ein. Unser Fotograf Sebastian geriet bei diesem Besuch in einen regelrechten Knips-Rausch, es gab einfach zu viele beeindruckende Formen, Winkel und Motive. Zwischenzeitlich wollten wir schon einen Suchtrupp losschicken, weil wir dachten, ihn im Stollenlabyrinth verloren zu haben.

Inmitten von
Naturgewalten ...

So nahe an Zeichen und Beispiele von Naturgewalten zu kommen ist unglaublich faszinierend. Man selbst wirkt im Vergleich so klein und vergänglich, zudem verschiebt sich dadurch auch der eigene Fokus und Alltagsprobleme wirken wie das, was sie meistens sind: banal. Und damit sind wir bei einem Gefühl, das man in Südtirol in verschiedensten Ecken erleben kann, ob inmitten der Dolomiten oder im **Laaser Marmorbruch,** wir Menschen sind nur ein kleiner Teil in der langen Geschichte unserer Erde – wer weiß, vielleicht spüren wir ja unterbewusst genau dieses Gefühl, wenn wir am anderen Ende der Welt über einen Südtiroler Marmorboden laufen.

PLIMASCHLUCHT

Faszinierende Architekturgewalten

In einer naturverbundenen Region wie Südtirol
entfaltet Architektur ihr größte Kraft,
wenn sie sich die vorhandene, atemberaubende
Natur einbettet.

In der **Plimaschlucht** im hinteren Martelltal kann man genau das erleben. Auf dem Rundgang durch die faszinierende Schlucht bieten vier begehbare Installationen aus Corten-Stahl die Möglichkeit, die tiefen Gesteinsschluchten und Wasserfälle hautnah zu erleben. Die sogenannte »Kelle« lässt eine:n zwischen den kantigen Felsen hinuntersteigen, um so die gewaltigen und lauten Wassermassen aus der

Aussichtskanzel

Nähe zu betrachten. Die »Aussichtskanzel« sowie die »Panoramasichel«
bieten, wie der Name schon sagt, einen wundervollen Ausblick über die
Plimaschlucht und das gesamte Martelltal. Das absolute Highlight der Tour
ist aber die »Hängebrücke«. Sie führt direkt über die Schlucht und ist so
konzipiert, dass sie mehrere Meter Schneelast tragen kann und somit auch
im Winter begehbar ist. Die faszinierenden Stahl-Installationen und der
einfache Erlebniswanderweg machen die Plimaschlucht zu einem tollen
Ausflugsziel für Kinder und Erwachsene.

www.latsch-martell.it

ICEMAN ÖTZI PEAK 3251 M

Ein 3000er für alle

Wie könnte ich ein Buch über Südtirol schreiben,
ohne den wohl bekanntesten und definitiv ältesten
Südtiroler der Welt zu erwähnen.
Gemeint ist natürlich unser lieber Freund und
Kupfersteinzeitmensch: der Ötzi.

Wie Forscher:innen bis heute rausgefunden haben, gleichen die letzten Stunden des Mannes aus dem Eis einem filmreifen Krimi, der unter dem Titel »Schamanen-Mord in den Alpen« laufen könnte.

Aber wir wollen ja nicht nur in der Vergangenheit schwelgen: Ötzi und damit auch sein Fundort in den Ötztaler Alpen faszinieren bis heute. Wer seine Geschichte hautnah erleben und auch die Umgebung, in der er seine letzten Stunden verbracht hat, kennenlernen möchte, dem lege ich den **Iceman Ötzi Peak im Schnalstal** sehr ans Herz. Die neue und moderne Aussichtsplattform auf der Grawandspitze auf 3251 Metern ist mit der Schnalstaler Gletscherseilbahn leicht zu erreichen und bietet die Möglichkeit, die Aura eines 3000er-Gipfels mit der ganzen Familie zu erleben – von jung bis alt und unabhängig von den jeweiligen Bergsteigerqualitäten. Eine wundervolle 360-Grad-Aussicht inmitten der Schnalstaler Gletscher. Das nahegelegene Gletscher-Skigebiet dient übrigens schon im Spätsommer verschiedenen internationalen Ski-Weltcup-Stars als Trainingscamp. Eine Möglichkeit für alle Weltcup-Fans, ihre Idole hautnah zu erleben.

Der Iceman Ötzi Peak hat also für alle was zu bieten, ob für Geschichte- oder Sport-Interessierte oder all diejenigen, die einfach nur eine wundervolle Aussicht über die Alpen genießen wollen. Ein Rundum-Entertainment-Paket.

www.schnalstal.com

Bring mi hoam

irgendwohin wo i olls kenn

i bin a Leben long

weggerennt

Hier Video anschauen

Aus dem Song »Bring mi hoam«

MAGDALENA MESSNER
A Schloss voll Leben

Kurz vorneweg: Es wäre durchaus möglich gewesen, dass **Magdalena Messner,** die Tochter von Reinhold Messner, auch die Kantig- und Direktheit von ihrem Vater vererbt bekommen hätte. Hätte, wohlgemerkt, denn Magdalena ist die Herzlichkeit in Person. Zuvorkommend und mondän, was sicherlich damit zu tun hat, dass sie zusammen mit ihren Eltern schon als Kind die Welt bereist hat. Trotzdem führte sie ihr Weg wieder zurück nach Südtirol, genauer gesagt ins Schloss Juval am Eingang des Schnalstales. Auf Juval liegt auch eines der sechs Messner Mountain Museen, die sie mit gerade mal 33 Jahren als Direktorin leitet.

Schloss Juval ist für die Familie Messner wohl das persönlichste aller Messner Museen und für jeden Bergsteiger und Messner-Fan ein absolutes must-visit. Magdalena wuchs hier mit ihren Geschwistern auf und jede Skulptur, jeder ausgestellte Gegenstand hat einen direkten Bezug zu den Expeditionen von Reinhold. Dass es nicht immer leicht war, mit so einem prominenten Vater aufzuwachsen, kann man sich vorstellen, vor allem wenn Menschenscharen durch das Schloss wandern und damit auch den privaten Wohnraum der Familie betreten. Trotzdem, die Person Reinhold Messner und sein imposanter Lebensweg sind eng mit seiner Herkunft verknüpft. Umso schöner, dass Magdalena die Relikte einer faszinierenden Südtiroler Biografie mit ihren Museen weitererzählt.

DIE BRUNNENBURG

Ritter der Nachhaltigkeit

Auch wenn dieser Spot rein gar nichts damit zu tun hat, ich muss es erwähnen: Alle Fans der TV-Serie »Game of thrones« aufgepasst, das ist eure Burg in Südtirol! Die **Brunnenburg** in Dorf Tirol bei Meran. Im 13. Jahrhundert erbaut, diente sie ursprünglich als Wohnsitz verschiedenster Verbündeten der Grafschaft Tirol. Zwar ist heute nur noch wenig im Originalzustand, trotzdem versprüht die Burg eine unglaubliche Atmosphäre inklusive wundervollem Blick über das komplette Meraner Land.

Seit einigen Jahrzehnten lebt dort die Familie de Rachewiltz mit den zwei Söhnen Nikolaus und Michael, die übrigens auch auf der Brunnenburg aufgewachsen sind. Heute veranstalten sie literarische Lesungen, Konzerte, Vorträge und verwalten zusammen mit ihrem Vater das dort angesiedelte Landwirtschaftsmuseum über bäuerliche Kultur in Südtirol. Im Rahmen dessen beherbergen sie Studenten aus der ganzen Welt und geben Fortbildungskurse und Schulungen zu altbewährten und neuen Methoden der nachhaltigen Landwirtschaft. Sustainability Made in South Tyrol, sozusagen. Auch wenn Michael de Rachewiltz oft mit dem ökologischen Fußabdruck hadert, den seine internationalen Studenten verursachen, wenn sie um die halbe Welt fliegen, um zur Brunnenburg zu kommen, so glaubt er doch, dass sie diesen mit dem neu erworbenen, ressourcenschonenden Wissen langfristig verbessern werden. Das ist das erste Mal, dass ich eine Rechnung dieser Art höre, und ich finde sie großartig!

Wie ihr seht, hat das Ganze weniger mit einer bekannten TV-Serie zu tun, sondern mit einer bemerkenswerten Hingabe zu und Weitergabe von Kultur und Nachhaltigkeit. Ob Student:in der Landwirtschaft, Kulturbegeisterte oder Möchtegern-Ritter wie ich, die Brunnenburg ist definitiv einen Besuch wert.

www.brunnenburg.net

KRÄNZELHOF

Über 7 Gärten musst du gehen!

Liebe Leser:innen, ich möchte euch nun bitten, eine aufrechte Sitzposition einzunehmen, die Schultern zu entspannen und dreimal tief ein- und auszuatmen.

Wir betreten nun die spirituellen **7 Gärten des Kränzelhofs in Tscherms.**
Die Zahl sieben ist hier vom Besitzer Franz Pfeil natürlich nicht zufällig
gewählt, denn die Gärten stehen für die sieben Chakren, also die sieben
Energiezentren unseres Körpers und Geistes. Ein Beispiel: Der Irrgarten
symbolisiert unser Bewusstsein. Also die Tricks unseres Geistes, das »Sich-
Verlaufen« in unnötigen Gedanken. Ziel jedes:r Besuchers:in soll es natürlich sein, diesen Irrgarten zu überwinden, einen Ausweg zu finden und sich
dabei auch selbst über die eigenen geistigen und spirituell versperrten
Wege bewusst zu werden.
Neben seiner Begeisterung für Spiritualität ist Franz Pfeil aber ein unglaublicher Kunstliebhaber. Er bietet verschiedensten Südtirolern:innen
und internationalen Künstlern:innen die Möglichkeit, ihre Kunst auszu-

stellen und in die Gärten einfließen zu lassen. Die ultimative Verschmelzung von Natur und Kunst. Mit Pflanzen und Bäumen werden Räume geschaffen, die bei jedem:r Besucher:in eine andere Empfindung auslösen können. Mich haben diese Gärten und das Spiel mit Pflanzen und Natur zur Ruhe gebracht, nachdenklich und reflektierend. So viel Spiritualität ist für Südtiroler Verhältnisse eher ungewöhnlich und genau deswegen so spannend. Die 7 Gärten des Kränzelhofs vereinen Südtiroler Naturverbundenheit mit der buddhistischen und hinduistischen Lehre des Körpers und Geistes. Wer mit dieser transzendentalen, eher abstrakten Welt aber nicht viel anfangen kann, der:m empfehle ich ein eher sehr »konkretes« Gläschen des hauseigenen Kränzelhof-Weines im

dazugehörigen »Miil«-Restaurant. Vielleicht wird ja dadurch eines der sieben Chakren aktiviert. Aber ob abstrakt oder konkret, der Kränzelhof in Tscherms bietet für jeden etwas und so oder so, ist dieser Besuch definitiv eine sinnliche Erfahrung!

GOMPM ALM

Ein Mann.
Eine Legende.

Meine Damen und Herren, liebe Leser:innen,
ich brauche jetzt eure volle Aufmerksamkeit!
Ich möchte euch nun nämlich eine
lebende Südtiroler Legende vorstellen:
einen Mann mit so viel Energie,
dass Energydrinks sich bei ihm aufladen.

Er ist Almhütten-Betreiber, Festival-Veranstalter und seit Kurzem auch
Gin-Hersteller – alles davon hat mittlerweile Kult-Status. Die Rede ist
von **Helli Gufler.**

Aber kurz zur Erklärung: Jeder in Südtirol kennt die **Gompm Alm** in
Schenna. Zum einen, weil es natürlich eine wundervolle Almhütte mit wirk-
lich hervorragender Küche und Service ist, aber auch weil das »Gompm Alm
Festival« in den 1990er und 2000er Jahren ein Fixpunkt für Blues-Rock-
Fans aus ganz Europa war. Es pilgerten teilweise bis zu 5000 Menschen an
zwei Tagen zur Hütte. Strategischer Kopf und treibende Kraft hinter alle-
dem ist Helli; ein kantiger Typ mit klaren Vorstellungen, ein Südtiroler
Charakterkopf, der schon viel erlebt und deshalb auch viel zu erzählen hat.

Aber dabei trotzdem vor Herzlichkeit, Gastfreundlichkeit und – da haben wir es wieder – mitreißender Leidenschaft strotzt. Das Treffen mit ihm war eines der inspirierendsten auf meinem Road-trip durch Südtirol.

Wir haben uns stundenlang über Gott und die Welt unterhalten und über seine Lust an Unternehmungen. Nicht still zu sitzen, zu gestalten. Deshalb hat er nun auch einen eigenen London Dry Gin aus rein alpinen Zutaten ent-wickelt – den Edelschwarz Organic Gin. 17 verschiedene Bio-Botanicals, dar-unter Edelweiß und Schwarzbeere, daher auch der Name Edelschwarz,

vereint mit Berg-Quellwasser direkt von der Gompm Alm. Helli hat mir unglaublich viele faszinierende Details seiner Gin-Herstellung erzählt, die in meinem Gedächtnis aber mit jeder neuen Verkostung dahinschmolzen, wie die wundervollen Kräuter-Eiswürfel in den Gläsern, in denen der Gin serviert wurde.

Was aber geblieben ist, sind die Geschichten und die Leidenschaft mit der Helli Dinge anpackt und die sich in all seinen Unternehmungen und Produkten widerspiegelt. Ob ein Glas Edelschwarz-Gin oder ein Besuch auf der Gompm Alm in Schenna, Helli schafft Erlebnisse, die bleiben!

DAS SPINNRADL

A Sarner aus'n P'seier

Einer der schönsten Aspekte meiner Reise durch Südtirol war das Kennenlernen vieler verschiedenen Personen, Unternehmungen und ihre Geschichten. Auch wenn man als Südtiroler:in denkt, man kennt die Südtiroler:innen, ist es doch was anderes, tatsächlich einzutauchen in die einzigartigen Biografien und die Beweggründe der Menschen. Wie zum Beispiel die Familie Haller und ihr Handwerksbetrieb **Spinnradl** in St. Leonhard im Passeiertal. Ein Familienbetrieb, der in Handarbeit Sarner* aus Schafswolle herstellt. Von Opa Alois Haller in der Nachkriegszeit gegründet und Sohn Franz Haller mit seiner Frau in den 1970er Jahren ganz selbstverständlich übernommen. Soweit so gut – jetzt kommt aber das Interessante: Tochter Franziska hatte eigentlich vor, ins Hotel- und Gastgewerbe einzusteigen und hat dementsprechend auch schon die Hotelfachschule besucht. Sie wollte, wie auch ihre Geschwister, etwas Anderes machen. Mit Papa Franz war sie dann aber trotzdem auf zahlreichen Südtiroler Wochenendmärkten, um die Sarner zu verkaufen.

Wo es genau war, kann sie nicht mehr sagen, was sie aber umdenken ließ, definitiv – die Begeisterung der Menschen, der Kunden für die in Maßarbeit geschneiderten Sarner. Genau zu wissen, wo die Schafe leben, deren Wolle man zu Kleidung verarbeitet. Die Wertschätzung für eine Arbeit, die zwei Generationen der eigenen Familie aufgebaut haben und die verloren wäre, wenn sie niemand weiterführt. Franziska stieg in den Familienbetrieb ein, überarbeitete das Firmenlogo und entwarf zusammen mit ihrer Mutter eine neue, moderne Kollektion. Zwischen Schafswolle-Verarbeitungsmaschinen der 1950er Jahre und Instagram, zwischen Tradition und Moderne. Das ist Südtirol!

* Südtiroler Bezeichnung für Janker oder Strickjacke

Hier Video anschauen

Aus dem Song »Koane Ewigkeit«

Erst wenn a Liachtstrohl
die Dunkelheit trifft
konnsch du segen
wos du so long vermissch

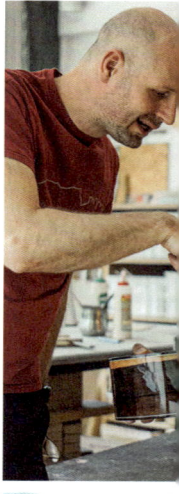

THOMAS GUITARS

Mondfichtensonate

Es war wieder einer der Momente auf meiner Reise durch Südtirol, wo ich Zeuge einer unbändigen Leidenschaft wurde. Dieses Mal nicht für Getreide oder Brot, es war Leidenschaft für Musik und Holz, genauer gesagt für die Herstellung von Gitarren. Schon mal etwas von »Mondfichte« gehört? Nein? Dann möchte ich euch jetzt die Herren Thomas Orgler und Nikolaus, »Klaus« Eilken vorstellen. Sie sind **Thomas Guitars** und bauen in ihrer Werkstatt in Bozen Gitarren aus verschiedensten Hölzern der Welt, unter anderem aus Südtiroler Fichte. Im Keller der Werkstatt zeigt mir Klaus das Holzlager und dabei ändert sich auch schlagartig seine Körpersprache, das Leuchten in den Augen beginnt – all das was halt passiert, wenn Leute von ihrer Leidenschaft sprechen. »... und des Holz isch Gletscherfichte, des lag jetzt über 3000 Jahre unterm Gletschereis. Hoben sie mit der Radiokarbon-Methode bestimmt.« – Ihr versteht jetzt, was ich meine? Wow!

Aber zurück zur Südtiroler Mondfichte. Es gibt eine Zeit im Jahr, in der sich die Fichte am besten für die Gitarren-Verarbeitung eignet, und zwar hängt das mit dem Wassergehalt im Holz zusammen. Je trockener die Fichte, desto weniger ist sie anfällig für Risse, Sprünge oder Verbiegungen, wenn das Holz dann trocknet. Dieser Zeitraum ist kurz vor Neumond im Dezember jeden Jahres und genau da fällen Thomas und Klaus auch in Südtirol ihre Fichten. Also mich überrascht nicht, dass Gitarren-Götter wie Manuel Randi vom Herbert-Pixner-Projekt Thomas' Gitarren spielen. Das Beste für die Besten! Dann geh ich jetzt lieber noch etwas üben.

www.thomas-guitars.it

2017
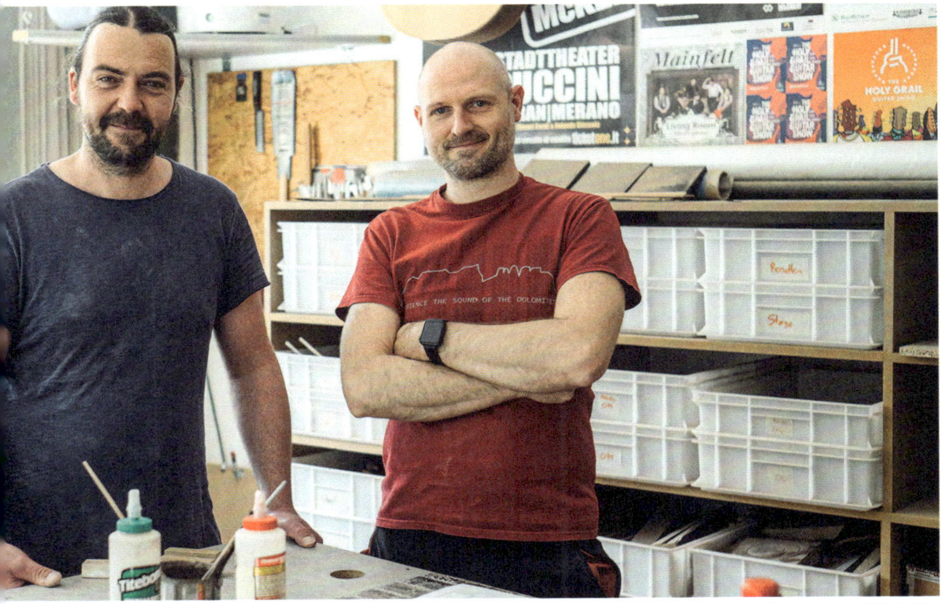
STADTTHEATER
Mainfelt
THE HOLY GRAIL
GUITAR SHOW

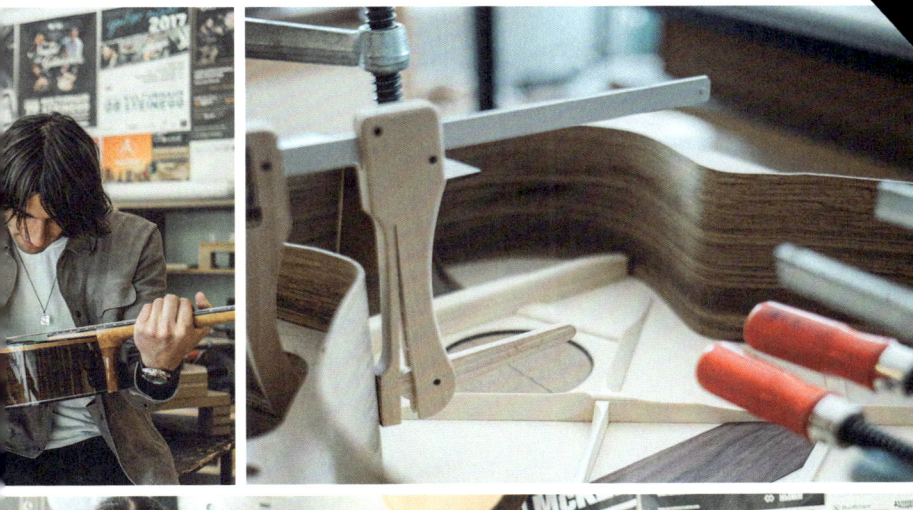

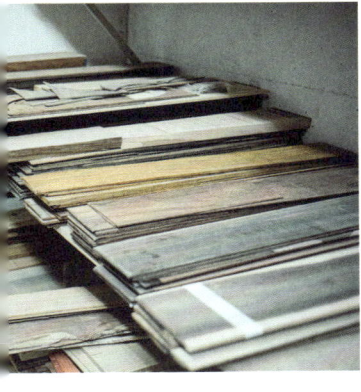

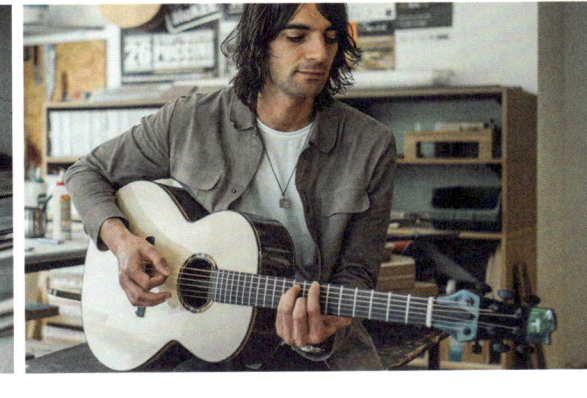

STOANERNE MANDLN – SARNTAL

Sex, Drugs und aufgereihte Stoaner

Pssssssst! *flüster* Ich möchte euch jetzt an einen wahrlich mystischen und sagenumwobenen Ort mitnehmen: zu den **Stoanernen Mandln** in den Sarntaler Alpen. Bis heute ist es nicht hundertprozentig bewiesen, wer die bis zu zwei Meter hohen Steinsäulen errichtet hat – und zu welchem Zweck. Allerdings wird davon ausgegangen, dass sie bereits um das Jahr 1500 n. Chr. existiert haben sollen. Es gibt nämlich Schriften und Aufzeichnungen aus dieser Zeit, die belegen, dass Hexen und Zauberer an diesem Ort ihre Feste und Orgien feierten. Da kriegt »Sex, Drugs and Rock 'n' Roll« auch gleich eine andere Bedeutung!
Die Stoanernen Mandln haben aber bis heute eine besondere Wirkung und Strahlkraft, so kommen viele Besucher:innen hierher, um Kraft zu tanken, in sich zu kehren, zu meditieren oder einfach nur die Mystik der Steinfiguren auf sich wirken zu lassen. Also, wer braucht denn schon Stonehenge – Stoanerne Mandln ist der place to be!

www.sentres.com/de/stoanerne-mandln

LIGHTCATCHER

A Foto von der Seele

Lightcatcher – Genauer gesagt, Kurt Moser und Barbara Holzknecht – eines der wohl bemerkenswertesten und erfolgreichsten Künstler:innen-duos Südtirols. Ihre Kunst zählt zu dem Bereich der Fotografie, auch wenn ihre Art, Fotos zu machen, rein gar nichts mit der heutigen Form zu tun hat. Lightcatcher fotografieren im Stile der Ambrotypie, das heißt mit einer Kamera und einer Arbeitsweise aus dem 19. Jahrhundert Als ich das erste Mal von den beiden gehört und ihre Fotos gesehen habe, war ich sofort hin und weg und wusste, Lightcatcher MUSS das Coverfoto meines nächsten Albums machen. Gesagt, getan. Wer sich unter Ambrotypie überhaupt nichts vorstellen kann, dem möchte ich hier kurz meine Er-fahrungen schildern:

Vergesst Auto-Fokus, Blitz und große Speicherkarten, hier wird alles in Handarbeit gemacht. Ein bis zwei Stunden Motiv einrichten und be-leuchten, dabei darf sich nichts bewegen. Jede minimale Bewegung könn-te den gesetzten Fokus in Unschärfe ziehen (Kurt: »Was wackelt hier so?«, Max: »Das ist mein Herzschlag, sorry!«). Nach all den Stunden bewegungs-losen Rumsitzens erschöpft sich jedes natürliche oder aufgesetzte Lächeln, deswegen schauen die auf den alten Fotos auch immer so ernst. Eine Art Meditation setzt ein. Bis zum Moment, wo das Foto geschossen wird, ist man ganz bei sich. Kurt fotografiert daher nicht das Äußere, sondern, so nennt er es, die »Seele des Menschen«. Dann, die Glasplatte ist belichtet. Beide sprinten in die Dunkelkammer, um das Foto in einem chemischen Prozess zu »entwickeln«. Sie haben dafür genau fünf Minuten, sonst ist das Bild verloren. Am Ende gibt es genau ein Foto, ein Unikat, das diesen gan-zen faszinierenden Prozess festhält.

Neben Menschen und Gesichtern fotografieren Lightcatcher aber auch Berge und Landschaften. Sie schaffen es mit dieser jahrhundertealten Technik, Eindrücke festzuhalten, die in unserer modernen, schnelllebigen und hochtechnologisierten Welt schwer bis nicht mehr sichtbar sind. Danke, Lightcatcher, für diese Bereicherung der Südtiroler Kunstwelt!

www.lightcatcher.it

WEINGUT PFITSCHER

We are family!

Ein Buch über Südtirol zu schreiben ohne eine:n
Winzer:in zu treffen, wäre in etwa so, wie auf einem
Berggipfel nicht die Aussicht zu genießen,
sondern nur auf den Boden zu schauen.

Unter all den vielen talentierten Weinherstellern:innen und ihren Wein-
gütern möchte ich euch nun die Familie Pfitscher und das **Pfitscher
Weingut** in Montan im Südtiroler Unterland vorstellen. Es handelt sich hier
um eine Winzer-Familie in der siebten Generation und wie so oft in Südtiroler Familienbetrieben werden auch hier tatsächlich alle (und damit
meine ich wirklich alle) Familienmitglieder in den Betrieb eingebunden.
Papa Klaus und Sohn Hannes Pfitscher kümmern sich um die Herstellung,
also ums Landwirtschaftliche und Handwerkliche rund um den Weinberg,
Sohn Daniel mit Unterstützung von Schwester Marion um Vertrieb und
Vermarktung, wie z. B. auch die grafische Gestaltung der Flaschen. Mama
Monika managed die Verwaltung und Bürokratie und Opa Alfred ist der
alte (Reben-)Fuchs mit der größten Erfahrung. Ihr könnt euch vorstellen
wie viel Know-how und Herzblut in so einem Wein steckt. Alle Mitglieder
einer Familie in einen Betrieb einzubinden, gemeinsam etwas aufzubauen
und dafür zu brennen ist eine der Top-Fähigkeiten der Südtiroler:innen.
Meines Erachtens ein nicht zu unterschätzender Teil des Erfolgskonzeptes

vieler Südtiroler Unternehmen und Betriebe. Für keine anderen Menschen empfindet man nämlich so eine Hingabe und Grundvertrauen wie für die eigene Familie.

Mittlerweile haben Hannes und Daniel das Familien-Business übernommen und man merkt, dass der Generationswechsel in vollem Gang ist. Hannes probiert neue Methoden in der Herstellung aus und Daniel verpasste dem gesamten Unternehmen ein neues Design, von der Etikette bis zur Homepage. Da haben wir es wieder, die Südtiroler Verbindung von Tradition und Moderne, von sieben Winzer:-innen-Generationen zu Instagram.

Merlot Riserva

Bei meinem Besuch erzählte mir Daniel stolz, dass ihr Weingut für den Gault&Millau-Preis nominiert ist. Er ist neben dem bekannten Guide Michelin eine der bedeutendsten Auszeichnungen für Gastronomen, Hoteliere und auch Winzer. Inzwischen wurde das Weingut Pfitscher mit dem Gault&Millau-Preis ausgezeichnet. Aber bei diesem Team und diesem Herzblut, kein Wunder. Ehre wem Ehre gebührt. Prost!

40 Millionen Jahre Erdgeschichte

BLETTERBACHSCHLUCHT

Life on Mars?

Erstmal ein Fakt vorab: Die ESA forscht in Südtirol, um Gegebenheiten auf dem Mars besser zu verstehen. Stark, oder? Genauer gesagt im **GEOPARC Bletterbach** bei den Dörfern Aldein und Radein – die Rocky Mountains Südtirols. Die 400 Meter tiefe Bletterbachschlucht ist nämlich für Geologen und Geologie-Interessierte wie ein offenes Buch, in dem 40 Millionen Jahre Erdgeschichte nachgelesen werden können. Entstanden ist die Schlucht durch Verwitterung, Abtragung und einen Bach, der sich vor rund 18.000 Jahren seinen Weg vom Weißhorn bis ins Etschtal gegraben und dabei Milliarden Tonnen Gestein abgetragen hat. Eine Naturgewalt, die einem ein weiteres Mal aufzeigt, wie kurz und vergänglich unser Dasein im Vergleich zur Erdgeschichte ist. Für Weltraumforscher:innen der ESA, aber auch der NASA (USA), von Roskosmos (Russland) und JAXA (Japan) ist die Schlucht besonders interessant, da sie anhand von solchen Gesteinsschichten auf der Erde Rückschlüsse auf Spuren von Wasser und damit Leben auf dem Mars und anderen Planeten ziehen können. Das Universum zu Gast in Südtirol. Also, an alle aufstrebenden Geologen:innen und Weltraumforscher:innen da draußen, auf in den GEOPARC Bletterbach: Die Wissenschaft braucht euch!

www.bletterbach.info

»DIE ZWEI SALURNER BRÜDER THOMAS UND NORMAN VENTURA SIND DEFINITIV UNIKATE UND DAS MEINE ICH WORTWÖRT- LICH!«

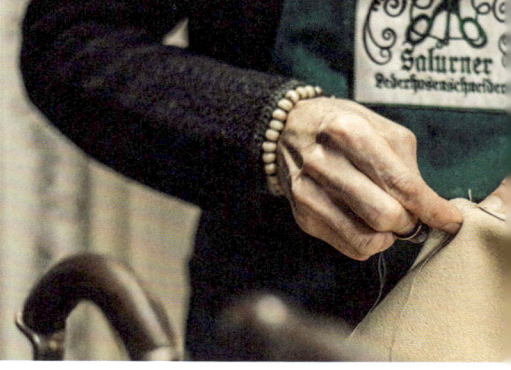

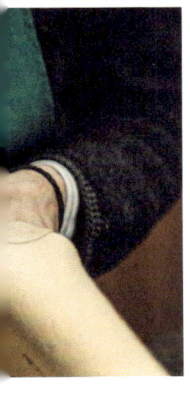

LEDERHOSENSCHNEIDEREI
UND KRAMPUSLADEN

Unikate im Süden

Am südlichsten Ende Südtirols liegt die Gemeinde Salurn und die sogenannte Salurner Klause. Je nach Fahrtrichtung endet oder beginnt an dieser Stelle Südtirol und führt dazu, dass Salurn seit jeher eine einzigartige Stellung in der Südtiroler Geschichte einnimmt. Das merkt man auch bei den Einwohnern:innen von Salurn. Immer, wenn ich Salurner:innen treffe, sind sie umgeben von einer besonderen Aura. Ein Mix aus Herzlichkeit, aber auch Stolz und Entschlossenheit, als wären sie jederzeit bereit ihre Heimat mit ihrem Leben zu verteidigen.

Die zwei Salurner Brüder **Thomas und Norman Ventura** jedenfalls sind definitiv Unikate und das meine ich wortwörtlich. Sie betreiben nämlich die letzte verbleibende Lederhosen-Manufaktur in Südtirol. Alles maßgeschneidert, hier kommt nix von der Stange. Daher kann es leider auch zu Vorlaufzeiten von bis zu einem Jahr kommen. Aber was ist schon ein Jahr, wenn man dafür eine handgearbeitete Lederhose hat, die über Generationen getragen werden kann.

Neben der Lederhosen-Manufaktur betreiben die beiden auch noch die Salurner Krampuswelt. Masken, Fellkostüme, Ketten, Ruten, alles, was das Krampus-Herz begehrt und die tausend freiwilligen Krampus-Darsteller in Südtirol und Umgebung mit Utensilien für die Umzüge am 5. und 6. Dezember jedes Jahres versorgt. Nachdem ich diesen Shop gesehen habe, würde ich euch raten: Lieber brav bleiben!

facebook.com/amaliapernter1896

KARUNA SCHOKOLADE

Viel mehr als nur ein Chocolatier

»Eine neue Schokoladesorte zu entwerfen ist wie einen Song zu schreiben: Es geht um das Zusammenspiel aller Noten von der Herkunft der Rohstoffe bis zur fertigen Tafel ...«

Ich könnte euch an dieser Stelle jetzt erzählen, dass für die **Karuna-Schokolade** aus Südtirol ausschließlich ethisch korrekt gehandelter und biologisch angebauter Edelkakao aus Lateinamerika, Asien und Afrika verwendet wird. Dass allein schon die Verpackung 100 % ökologisch, plastikfrei, chemiefrei und frei von Schwermetallen ist. Soweit so gut! Das alles aber sind Fakten, die jede:r auch auf der Homepage der Hersteller nachlesen kann.

Was ich euch aber erzählen möchte, ist die Geschichte, die hinter einem einzigartigen Schokolade Start-Up aus Klausen und meinem Treffen mit den Gründern, dem Paar Armin und Katya steckt. Allein der Fakt, dass Armin früher Gitarrist in einer meiner Südtiroler Lieblingsbands »Sense of Akasha« war, zeigt, dass es sich hier nicht um einen normalen Chocolatier handelt, sondern um einen Schokolade-Künstler. Eine neue Schokoladesorte zu entwerfen ist für ihn, wie einen Song zu schreiben. Es geht um das Zusammenspiel aller Noten von der Herkunft der Rohstoffe bis zur fertigen Tafel. Ja! So muss das sein – Herzblut, Leidenschaft, Kreativität und Expertise.

Schokolade
ist wie
Musik...

Und als wäre das alleine nicht schon genug, umgibt die beiden eine wohltuende, äußerst sympathische Aura. Ein Lachen und eine Offenheit, die zeigt, beide haben die Welt bereist, dort ihre Bestimmung gefunden, und diese leben sie nun in ihrer Heimat Südtirol aus. Das ist die Internationalität und Heimatverbundenheit, die die neue Generation von Südtiroler Unternehmern:innen ausmacht. Kein Wunder, dass Karuna-Schokolade seit dem Produktionsstart 2018 schon mehrmals ihre Produktionsstätte aufgrund erhöhter Nachfrage vergrößern musste.
Ich sage: zu Recht!

www.karunachocolate.it

PROFANTER

How to make: Schüttelbrot!

Darf ich vorstellen, Südtirols Bio-Bäcker Nummer Eins – Benjamin Profanter und die Natur-Backstube Profanter aus Milland in Brixen. Gleich mal zur Klarstellung: In einer Zeit, in der es an Bio-Bezeichnungen nur so wimmelt und der Begriff leider auch von einigen Herstellern so dehnbar wie möglich interpretiert wird, kann ich sagen, wenn hier Bio draufsteht, dann ist 100 % Bio drin UND drum rum. Ein Beispiel: Bei unserer Ankunft in der Backstube freut sich Benjamin wie ein kleiner Junge und erzählt mir 30 Minuten lang, wie toll es doch ist, dass er nach Jahren endlich eine plastikfreie und ökologisch vollkommen abbaubare Verpackung gefunden hat.

Zudem ist Benjamin der erste und einzige Brot-Sommelier (ja, die Bezeichnung gibt es wirklich!) Südtirols, und egal, ob es eine:n interessiert oder nicht, nach einem Gespräch mit ihm weiß man definitiv mehr über die unterschiedliche Zusammensetzung und Herkunft von Brot, als man sich je vorgestellt hat.

Neben all den theoretischen Weisheiten wollte ich aber von ihm und seinem Vater Helmuth lernen, wie der Südtiroler Klassiker, das Schüttelbrot, hergestellt wird. »Geschüttelt« wird dabei übrigens gar nicht so viel, eher wird der sehr sensible Roggenteig auf einer Holzplatte nach unten fallen gelassen. Dazu bestäubt man die Platte mit Mehl und zieht diese mit einem Ruck nach unten, damit sich der Teig bei seinem Aufprall ausbreitet. Dann ab in den Ofen und fertig ist ein Südtiroler Grundnahrungsmittel.

Die Natur-Backstube Profanter ist natürlich nicht nur Meister im Herstellen von Schüttelbrot. Brot, Brötchen, Feingebäck und Snacks – alles 100 % Bio und mit Liebe zu Natur und Handwerk gemacht. Von Milland with love, sozusagen!

www.profanter.it

Du bisch mein Adrenalin
wenn i am Boden bin

Aus dem Song »Adrenalin«

Hier Video anschauen

DER GUMMERERHOF

Let's get ready to Törggelen!

Wie ich auf meinen Konzerten außerhalb Südtirols ja leider ab und zu feststellen muss, gibt es tatsächlich noch Personen, die nicht mit dem Südtiroler Brauch des »Törggelens« vertraut sind. Das möchte ich hiermit än-
dern: Dieser Spot ist nämlich für alle Törggele-Liebhaber und solche, die
es noch werden möchten.

Zur Erklärung, das Törggelen (von Torggl, lateinisch torculus für Wein-
presse) findet jedes Jahr zwischen September und November statt und ist
wohl das bekannteste kulinarische Happening Südtirols. Man kann es
eigentlich wie ein sehr ausgedehntes Erntedankfest sehen. Wenn wir Süd-
tiroler:innen nämlich etwas können, dann ist das intensive und lange Feste
feiern! In der Törggele-Zeit öffnen Bauernhöfe ihre Keller für Gäste zum
Verkosten ihres neuen Weines (Nuier) und servieren typisch bäuerliche
Gerichte, wie z. B. Schlutzkrapfen (Schlutzer), Schlachtplatten mit Sur-
fleisch, Sauerkraut, diverse Würste (Blut-, Hauswurst), Knödel, Kastanien
(Keschtn) und süße Krapfen.

Schlutzer

Soweit die Theorie. Für die Praxis möchte ich euch eine der renommiertesten Törggele-Stuben im Eisacktal vorstellen – der **Gummererhof** in Pinzagen bei Brixen, betrieben von meinem Jugendfreund Philipp Gummerer. Bei diesem Hof handelt es sich um einen zertifizierten Buschenschank, d. h. 80 % der angebotenen Produkte stammen von landwirtschaftlichen Betrieben in Südtirol, 30 % sogar vom eigenen Hof und Feld.

Ich könnte euch jetzt unzählige Geschichten von unseren feucht-fröhlichen Törggele-Abenden erzählen, aber ich glaube, da schreibe ich lieber ein eigenes Buch drüber. Jedenfalls, ich wünsch schon mal Mahlzeit und passt's mir mit dem heimtückischen Nuien-Wein auf!

ROSSALM

Mit'm Ski-Doo ins Wohnzimmer...

Als ich die Spots in der Vorbereitung des Buches definiert habe, lag mir ein Berg natürlich besonders am Herzen – die Plose, das Wohnzimmer der Brixner:innen.

Als Teenager verbrachte ich ungelogen jedes Wochenende auf den Pisten unseres Hausberges. Wenn man so viel Zeit auf einem Berg verbringt, kennt man natürlich irgendwann auch jede Hütte und Stube samt ihren Betreibern:innen in- und auswendig. Sie haben einem ja quasi beim Erwachsenwerden zugeschaut.

Mit einer Hütte verbinde ich aber bis heute ein ganz spezielles und warmherziges Gefühl – **die Rossalm.** Unzählige Male rettete mich dort, nach stundenlangem Skitraining auf der kalten und eisigen Pfannspitze, eine heiße Schokolade vor dem beinahen Erfrierungstod.

Bei meinem jetzigen Besuch zeigte sich die Plose aber von der wortwörtlich blendendsten Seite. Neuschnee und bestes Kaiserwetter, was will man mehr? Zum Beispiel einen Ski-Doo Ride vom Kreuztal direkt zur Rossalm?

Ok, danach wollte ich wirklich nichts mehr. Zusammen mit den sympathischen Jungwirten und Brüdern, Christoph und Werner Hinteregger, düsten wir also über den »Dolomiten Panoramaweg« durch die glitzernde Schneelandschaft zur Rossalm. Ein Weg, den man natürlich auch ohne Ski-Doo Kontakte sehr gut zu Fuß und mit Rodel gehen kann, mit perfekter Aussicht auf die Aferer und Villnösser Geisler, Letztere hat Reinhold Messner übrigens mit nur fünf (!) Jahren bestiegen.

Die beiden Jungs übernahmen die Hütte im Herbst 2020 von ihrem Cousin. Auch wenn 2020 nicht gerade das beste Jahr zum Übernehmen eines gastronomischen Betriebes war, Christoph und Werner, so stellte ich in unserem Gespräch fest, strotzen vor Leidenschaft für die Rossalm. Regionalität, Nachhaltigkeit, Naturverbundenheit sind Themen, die sie antreiben und die durch ihr kulinarisches und gastronomisches Angebot auch vermittelt werden. Fantastische Aussicht, junge, leidenschaftliche Wirte und eine regionale und naturverbundene Küche – die Rossalm auf der Plose ist definitiv ein place-to-be.

SONNENAUFGANG PEITLERKOFEL

Verweile doch!
Du bisch so schian.

Die Chronologie eines Aufstieges:

UHRZEIT	HÖHENMETER	BEMERKUNG
01:00	559	Abfahrt Brixen Richtung Würzjoch
01:53	1807	Ankunft Parkplatz »Gunggan« (Nähe Würzjoch)
02:25	2002	Einstieg Peitlerkofel-Scharte
03:10	2359	Scharte geschafft. Erste Pause. Der Himmel klar, man kann die Milchstraße erkennen. Wow!
04:05	2750	Einstieg Klettersteig
04:45	2783	Wir sind zu schnell. Bis zum Sonnenaufgang sind es noch fast 40 Minuten. Am Gipfelkreuz weht für uns Möchtegern-Alpinisten ein zu kalter Wind. Wir verharren windstill hinter einem Felsen. Schöne, totale Stille.
05:15	2875	Ankunft Gipfelkreuz
05:23	2875	Sonnenaufgang, verweile doch! Du bisch so schian.
05:44	k. A.	Gewitterwolken ziehen auf. Schleunigster Abstieg.
07:10	1807	Ankunft Parkplatz »Gunggan«. 5 Minuten später: Hagelschauer. Puh!

Ausrüstung: Wetterfeste Bergklamotten, Proviant, Klettersteig-Set (empfohlen)

über'n Berg
feat. LaBrassBanda

Hier Video anschauen

SPRECHENSTEIN

Selbst ist der ... Soufien

Jeder, der schon einmal über'n Brenner nach Südtirol
gefahren ist, war quasi fast da. Die Burg Sprechenstein, man erkennt sie am markanten Rundturm,
liegt nämlich gleich hinter der Mautstelle Sterzing
in Fahrtrichtung links ...

… in unmittelbarer Nähe zur kleinen Gemeinde Wiesen. Der dazugehörige Bauernhof inkl. Restaurant wird seit 2018 von **Soufien Kasmi** und seiner Familie betrieben. Jetzt merkt euch bitte diesen Namen: Nicht nur, weil es einer der wohl ungewöhnlichsten, aber vielleicht genau deshalb, schönsten Südtiroler Namen ist, der mir bisher begegnete, nein auch deshalb, weil Soufien mit keiner geringeren Vision angetreten ist, als ein komplett autarkes Restaurant aufzubauen – das Konzept nennt sich »Farm to table«, also vom Bauernhof auf den Tisch. Konkret heißt das, Soufien bezieht alle Zutaten, die er für seine Gerichte braucht, direkt von seinem eigenen Bauernhof oder Zulieferern in Fußnähe zur Burg. Keine Großhändler, keine internationalen Lieferketten. Er besitzt Wagyu-Rinder für die Fleisch- und Jersey-Kühe für die Milchverarbeitung, z. B. in der hauseigenen Käserei.

Pathetisch gesagt, kennt er jedes Korn, das zu Mehl gemahlen und von ihm mit Wasser aus der eigenen Quelle zu Sauerteig-Brot verarbeitet wird. Nachhaltigkeit: 12 points!

Soufien ist mit seiner Überzeugung und der Idee, die er mit dem Sprechenstein-Restaurant real lebt, ein weiterer Charakterkopf, der Südtirol zu diesem interessanten Fleckchen

Erde macht, das es ist. Dass er mit seinem Weg einen ganz besonderen geht, zeigen mir unter anderem Gespräche, die ich mit anderen Südtiroler Bauern und Bäuerinnen oder Restaurantbesitzern:innen hatte. Die Namen Soufien und Sprechenstein lösen überall Begeisterung aus – mehr noch Respekt und Anerkennung –, die darin mündet, dass viele Gastronomen:innen Südtirols auch direkt bei ihm ihre Zutaten kaufen. »Es brauch net viel«, sagt Soufien fast schon in einem Nebensatz und meint damit eigentlich die zentrale Überzeugung seiner Arbeit. Kein Chichi, es ist ja schon alles da, was man braucht. Recht hat er! ... das Gute liegt so nah.

Es brauch net viel!

Wow!

JOHANNES STÖTTER

Der Weltmeister!

Eines kann ich mit Sicherheit sagen: Der Sterzinger Künstler **Johannes Stötter** ist ein absolutes Ausnahmetalent. Aber kurz einen Schritt zurück, wer bisher noch nicht mit Kunstwerken von Johannes in Berührung gekommen ist, kann sich durchaus dabei ertappen, auf ein Bild oder einen Ausschnitt eines seiner Videos zu starren und zu denken: »Ja, ist halt ein schönes Foto von einem Frosch«. Der absolute Wow-Effekt setzt aber in dem Moment ein, wo sich verschiedene Teile des Tieres bewegen und man erkennt, dass es sich hier nicht um ein reales Tier, sondern um bemalte Menschenkörper handelt. Johannes Stötter ist nämlich Bodypaint-Weltmeister und begeistert mit seiner Kunst Zuschauer weltweit.

Ob die Inszenierung eines »lebendigen« Stilettos auf der Mailänder Fashion-Week oder eines Tigers im Chinesischen Fernsehen, wo Johannes seine Kunstwerke präsentiert, bleibt kein Mund geschlossen.

So ein Talent im eigenen Land zu haben fand ich unglaublich faszinierend, allerdings hab ich in meinem Gespräch mit Johannes auch wieder feststellen müssen, dass der Umgang der Südtiroler:innen mit ihren Künstlern:innen dann doch noch etwas zu wünschen übrig lässt. Hätte er Südtirol nicht verlassen und wäre er nicht zu den Weltmeisterschaften gefahren, er hätte wohl nie gewusst, wie talentiert er wirklich ist. »In Südtirol hat das keinen interessiert«, meint Johannes. Ein Satz, der zum Nachdenken anregen soll, denn spätestens seit der Corona-Pandemie sollten wir alle verstanden haben, dass eine Gesellschaft ihre Künstler:innen braucht, um Kultur erleben zu können.

www.johannesstoetterart.com

Dahoam
isch wo es seids
ob do oder in der
Welt vertoatt
Dahoam
immer nah bei mir
a wenn i mi mol wieder
selbst verlier
A Gfühl
des ewig zu oanem kehrt
gonz egal
wia viel Zeit vergeaht

Aus dem Song »Dahoam (Wo es seids)«

 Tribulaun

RODELN IN PFLERSCH

High Speed & High Mountains

Eines kurz vorweg: Tolle Rodelbahnen gibt es in Südtirol zur Genüge. Eine Rodelbahn vor so einer Bergkulisse aber, kenn ich nur diese. Die **Naturrodelbahn in Pflersch** bei Sterzing bietet »Berggipfel zum Anfassen«-Feeling. Der direkte Blick auf den 3000 Meter hohen Tribulaun und die Stubaier Alpen ist atemberaubend und einmal mehr ein Beweis dafür, inmitten welcher Naturgewalten sich meine Heimat Südtirol befindet.

Übrigens, kleines Angeber-Wissen: Im 18. Jahrhundert erforschte ein französischer Geologe das Gestein des imposanten Tribulaun – sein Name war Déodat Gratet de Dolomieu. Jetzt dürft ihr dreimal raten, woher die Dolomiten ihren Namen haben.

EDELRAUTHÜTTE

Von Schwarz zu Blau

Die einzigartige Edelrauthütte in den
Zillertaler Alpen – aber immer noch auf der
Südtiroler Seite – kannte ich schon von einer
früheren Wanderung mit meinen Freunden.
Aufgrund der unvergesslichen Erlebnisse war
für mich klar, dass diese Hütte auf meinem
Roadtrip durch Südtirol nicht fehlen durfte.

Geplant war also, die **Edelrauthütte** im wundervollen Sonnenuntergang
zu fotografieren. Was natürlich kein Problem gewesen wäre, hätte nicht
eine apokalyptische Gewitterfront, genau an diesem Tag, genau in diesen
Stunden unseren Plan wortwörtlich weggeschwemmt. Da saßen wir, der
Fotograf Sebastian und ich, nun zweieinhalb Stunden im Auto, warteten
und fragten uns unsicher, ob das Auto auch im Stehen als faradayischer
Käfig funktioniert. Schlussendlich beschlossen wir, gemeinsam mit dem
Hüttenbetreiber **Much Weissteiner**, die Wanderung zur Hütte zu ver-
schieben. An dieser Stelle möchte ich noch einmal an den engen Shooting-
Zeitplan erinnern. Ok, wenn Sonnenuntergang nicht möglich ist, dann
halt Sonnenaufgang. Alles klar: Treffpunkt 3 Uhr morgens, Abfahrt nach
Pfunders und Sonnenaufgangs-Wanderung zur Hütte.

Wie oft im Leben, musste es rückblickend genau so laufen, wie es gelaufen ist. Das Gewitter hatte sich über Nacht verzogen, wir hatten den klarsten Himmel und der Vollmond leuchtete wie eine Taschenlampe auf die Berglandschaft. Fast schon kitschig, aber eben wunderschön. Much erzählte mir von den Herausforderungen, mit denen man als Betreiber einer Schutzhütte auf 2545 Höhenmetern, die übrigens nur einmal monatlich mit einem Hubschrauber beliefert werden kann, konfrontiert wird. Es waren wundervolle Gespräche in einer atemberaubenden Umgebung. Betrieben wird die Edelrauthütte schon in zweiter Generation von einem Weissteiner. Bereits 1974 übernahm der Vater von Much die Hütte und ich hoffe, dass das bei so viel Leidenschaft und Herzlichkeit noch lange so weitergeht. Denn ich komme wieder, das verspreche ich!

KARERSEE

Eggental goes viral – zu Recht!

Vermutlich ist der **Karersee,** unterhalb des Karerpasses im südöstlichen Eggental, als Spot für viele Leser:innen keine wirkliche Überraschung. Die Präsenz des naturdenkmalgeschützten Sees auf Instagram ist in den letzten Jahren ja förmlich explodiert – und damit natürlich auch der Besucherandrang. Wie es aber immer so ist: Eindrucksvolle Naturphänomene ziehen uns Menschen in Scharen an. Und der Karersee, das kann man sagen, ist wirklich ein faszinierendes Naturschauspiel und immer einen Besuch wert. Direkt unter dem Latemar-Bergmassiv besticht er mit seiner wundervollen smaragdgrünen Farbe, um die sich auch die alte Südtiroler Sage der »Wasserfee vom Karersee« dreht. Und wer sich noch an unsere gitarrenbauenden Freunde von Thomas Guitars (Seite 44) erinnern kann: Die Jungs holen sich aus genau diesem Latemar-Wald ihr Fichtenholz und machen daraus ihre Gitarren. Faszinierend nicht? The Circle of (Südtiroler) Life!

www.eggental.com

* Abgeleitet vom französischen >>Table d'hôte<< (Tisch des Gastgebers).
D. h. konkret: Es wird gegessen, was auf den Tisch kommt.

TABBLA TOÒ

Südtirol pur!

In diesem Buch gibt es einige Beispiele von jungen Südtirolern:innen, die entweder bestehende Familientradition in die Moderne holen oder eben gleich ganz was Eigenständiges und Neues erfinden. Letzteres möchte ich mit der Aktion **Tabbla Toò*** der jungen Alpler auf der Seiser Alm erweitern. Aber kurz der Reihe nach: Im Umkreis der Seiser Alm gibt es verschiedene Gemeinden, wie z. B. Kastelruth, Völs, Seis usw. – da man sich aber als Bewohner der Seiser Alm nicht zwingend zu einer dieser Gemeinden zugehörig fühlt, gibt es den Begriff der »Alpler«. Umfasst also all diejenigen, die direkt auf der Seiser Alm leben.

Die Jugendfraktion, also die jungen »Alpler«, haben vor einigen Jahren ein Event ins Leben gerufen, das den Südtiroler Lifestyle wie kein anderes in diesem Land auf den Punkt bringt – sie nennen es Tabbla Toò. Gemeint ist damit eine rustikale Genuss-Veranstaltung unter freiem Himmel vor atemberaubender Naturkulisse. Eine unglaublich tolle Idee! Einmal jährlich stellt die Gruppe für Gäste und Einheimische einen alten Holzofen, Tische und Stühle mitten in die Wiesen der Seiser Alm. Kein Strom, kein Gas – alles, was serviert wird, wurde mit Hilfe des Holzofens gekocht, gegart oder gebraten. Garniert mit Südtiroler Gastfreundschaft und Geselligkeit. Da blieb mir nichts anderes übrig, als meine tiefe Dankbarkeit mit einem kleinen musikalischen Ständchen zu bekunden. Ein unvergesslicher Abend voller Südtiroler Lebensgefühl und Lagerfeuer-Klassiker. Irgendwann bleib i donn dort – sell isch fix!

facebook.com/tabblatoo

SCHNEESCHUHWANDERN

Zwischen Felswänden und Findlingen

Das Grödner **Langental** war der erste Spot, den wir für dieses Buch besucht haben. Es war eine Woche im Februar inmitten des schneereichen Super-Winters 2020/21 und aufgrund der damals noch geltenden Reisebeschränkungen menschenleer ... Schon am Parkplatz, ca. fünf Auto-Fahrminuten von Wolkenstein im Grödental, am Eingang des Langentals, erahnt man die atemberaubende Berg- und Felskulisse, die sich dann im Laufe der Wanderung immer weiter vor einem öffnet. Der Puez-Geisler, die Cir-Spitzen, der Molignon (im Naturpark Schlern-Rosengarten), um nur einige zu nennen. Das Tal verläuft Richtung Norden, weshalb man auch von einem, zwar leichten, aber konstant kalten Luftzug begleitet wird, der bis nach Wolkenstein rauszieht. Eine warme Kleidung ist für diesen Ausflug daher essenziell.

Es gibt verschiedene Möglichkeiten, das Langental im Winter zu erleben. Neben einem klassischen präparierten Winter-Wanderweg gibt es auch Loipen für den Ski-Langlauf. Uns interessierte aber die kantigere, naturbelassene Seite des Tales, weshalb wir uns für eine dritte Variante entschieden – die Schneeschuhwanderung. Abseits von markierten Wegen stapften wir also im hüfttiefen Schnee. Vorbei an einem meterhohen Felsbrocken, genannt Findling, der durch eine Gletscherzunge aus dem Inneren des Tales hinausgeschwemmt wurde. Die extrem hohen und steilen Felswände links und rechts geben einem das einzigartige Gefühl mit der Natur verbunden und ihr doch in jeglicher Hinsicht unterlegen zu sein. Vorsicht ist daher geboten. Das Langental in Gröden ist ein perfektes Ziel für Outdoor-Aktivitäten aller Altersgruppen vor einer atemberaubenden Bergkulisse.

ANDREAS MAYR KONDRAK

Der Holzflüsterer

Dass Grödner:innen begabt im Umgang mit Holz sind, ist in Südtirol hinlänglich bekannt. Wer jetzt aber an in Holz geschnitzte biblische Figuren denkt, der:dem möchte ich **Andreas Mayr Kondrak** vorstellen. Ich lernte ihn schon vor Jahren auf den Südtiroler Festival-Bühnen kennen, als er noch mit seiner damaligen Band »Noluntas« unterwegs war. Mittlerweile entwirft Andreas unglaublich stilvolle und in Handarbeit hergestellte Möbel. Er verarbeitet in einer einzigartigen Art und Weise Holz und Eisen, Letzteres mal flüssig, mal fest. Wie bei fast allen Südtiroler Charakterköpfen, die ich auf meiner Reise getroffen habe, umgab auch ihn eine ehrliche Herzlichkeit und Weltoffenheit. Wir saßen eine gefühlte Ewigkeit in seiner gemütlichen Werkstatt, tranken Kaffee und ratschten über Gott und die Welt.

Songs können oft viel berührender und eindrucksvoller sein, wenn man die Geschichte und die Beweggründe des Künstlers kennenlernt. So erging es mir auch bei Andreas. Seine Leidenschaft, die Liebe zu jedem seiner Werke ließen sie auf mich noch einzigartiger, noch bedeutungsvoller wirken. In unserem Gespräch sagte er dann einen Satz, der in mir bis heute nachwirkt: »Wenn ich heute im Lotto gewinne, komme ich morgen in meine Werkstatt und mache genau so weiter wie bisher.« Herz über Geld!

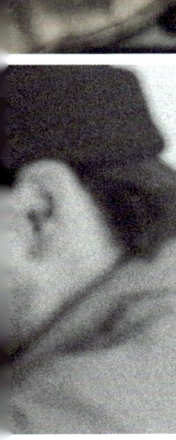

www.andreasmayrkondrak.com

KORBLIFT LANGKOFELSCHARTE

Langkofel im Retrolook

Da ich tiefer in meine Heimat eintauchen und
euch einen Blick hinter die Kulissen zeigen
möchte, stelle ich euch nun jemand vor,
ohne denjenigen das Skifahren und Wandern
in Südtirol um einiges komplizierter wäre:
Igor Marzola bzw. die Familie Marzola
aus Gröden.

... ins UNESCO Weltkulturerbe

Vater Gianni Marzola kam in den 1950er Jahren von Mailand nach Gröden und verliebte sich, wer kann das nicht verstehen, in die atemberaubende Dolomiten-Region. Sein Tatendrang und Unternehmergeist machte ihn unter anderem zum Erfinder des Dolomiti-Ski-Passes. Die Familie Marzola betreibt Liftanlagen in ganz Südtirol; Sohn Igor beispielsweise auch den wirklich erlebenswerten **Korblift zur Langkofelscharte.** Dabei erinnert nicht nur der Retrolook der Gondeln an alte Zeiten. Auch die etwas ruppige Einstiegshilfe durch die Liftarbeiter entspricht nicht ganz dem aktuell gewohnten Komfort, macht die ganze Anlage aber umso authentischer. Die Fahrt selbst dauert rund 10 Minuten, die aber tatsächlich wie im Fluge vergehen, wenn man das Dolomiten-Panorama bewundert, das vor einem liegt. Der Korblift macht die atemberaubende Langkofelscharte, mit Ausblick über Gröden auf der einen und zur Seiser Alm auf der anderen Seite, zu einem wundervollen Bergerlebnis für die ganze Familie. Hier sind keine wirklichen Bergsteiger-Fähigkeiten vonnöten.

Sollte euch im Umfeld der Liftanlage ein immer strahlender und überaus sympathischer Mann auffallen, dann ist das höchstwahrscheinlich Igor.

Wie kann es auch anders sein, wenn man in einer der weltweit schönsten Urlaubsregionen mit UNESCO Weltkulturerbe-Status wohnt.

MARIA MOLING

Na persona de morvëia

Trommelwirbel Meine Damen und Herren, darf ich vorstellen: eine der, wenn nicht die talentierteste Musikerin und Rock 'n' Roll-Queen Südtirols. Aus dem wunderschönen Wengen im Gadertal: **Maria Moling!**
Aber mal ohne Schmarrn, sie schrieb mit der Band GANES ladinische, nein Südtiroler Musikgeschichte, komponiert und tourt mit Hubert von Goisern und mischte mit Me + Marie die deutsche Indie-Pop-Szene auf. Das nenn ich mal Frauenpower straight outta Wengen. Trotz all dieser Erfolge im In- und Ausland ist Maria nach wie vor eine bodenständige Gadertalerin ohne Überheblichkeiten oder Allüren und das macht sie so extrem sympathisch. In unserem Gespräch erzählte sie mir über ihre Beziehung zur Heimat Wengen und ihrer Wahlheimat München. Wie auch ich braucht sie diese beiden Pole – den einen zur Erdung, den anderen für ihre Kreativität und Inspiration. Denn so wunderschön unsere Südtiroler Berge auch sind, auf Dauer können sie leider mental etwas einengend wirken.
Ihre gastfreundlichen Südtiroler Wurzeln zeigte Maria uns dann aber definitiv nach unserem Fotoshooting. In der Stube ihrer Eltern servierte sie uns Bauchspeck vom hauseigenen Bauernhof und Rotwein. Ganz ehrlich, wäre ich nicht mit dem Auto unterwegs gewesen, ich hätte vermutlich alle Termine am nächsten Tag absagen müssen. Danke nochmal, Maria!

---

www.meandmarie.com

VALPAROLA- UND FALZAREGOPASS

Easy Rider mit George Clooney

Südtirol ist mit den vielen Pässen und Pass-Straßen ein wahres Mekka für Auto-, Motorrad- und Radfahrer aus aller Welt. Unzählige Serpentinen durch eine nie enden wollende, faszinierende Berglandschaft zu fahren, löst bei vielen Menschen ein tiefsitzendes Gefühl von Freiheit aus – was jede:r nachvollziehen kann, die:der es schon mal erlebt hat. Eine der faszinierendsten Routen ist die Falzarego-Pass-Straße, also von St. Kassian im Gadertal Richtung Cortina d'Ampezzo. Eine Straße direkt durch die Dolomiten, unglaubliche Weiten und ein Blick über ganz Südtirol. Einfach faszinierend. Auf der Route wurde übrigens auch schon George Clooney mit seinem Motorrad gesichtet – kann ich auch verstehen, die Hollywood Hills sind im Vergleich zu den Dolomiten nämlich wirklich nur ein paar langweilige ... Hügel.

www.lagazuoi.it

Hier Video anschauen

Weil es Oanzige wos bleib
wenn olles ondere verstreucht ...
...isch die Erinnerung!

Aus dem Song »Des Oanzige«

Deutsche Kultur

Die Drucklegung dieses Buches wurde ermöglicht durch
die Südtiroler Landesregierung / Abteilung Deutsche Kultur.

Max von Milland wurde ausgestattet von

OBERRAUCH ZITT
www.oberrauch-zitt.com

Sebastian Riepp

Sebastian machte bereits im Alter von 15 Jahren Skifilme und Musikvideos für
seine eigene Band. Nach erfolgreich abgeschlossenem Medien-Studium reiste
er viel in der Welt herum, um visuelle Eindrücke zu sammeln und seinen Stil zu
formen. Seit 2014 ist er selbstständiger Fotograf und Filmemacher im Werbe-
und Dokumentarbereich. Sein Stil ist authentisch und seine Bilder ehrlich und
unverfälscht. Sebastian Riepp lebt am Chiemsee in Bayern.

www.sebastianriepp.com
www.instagram.com/sebrpp

2021
Alle Rechte vorbehalten
© by Athesia Buch GmbH, Bozen

Bildnachweis: S. 22/23 © wisthaler.com
S. 82 unten © Meinhard Niederstätter
alle übrigen Fotos © Sebastian Riepp

Design: Favoritbuero, München
Satz: Athesia-Tappeiner Verlag
Druck: Athesia Druck, Bozen

ISBN 978-88-7073-967-1

www.athesia-tappeiner.com
buchverlag@athesia.it

Naturrodelbahn
Pflersch

J. Stötter
Sterzing

STERZING

Sprechenstein
Sterzing

Edelrauthütte
Lappach

B

Gummererhof
Brixen

Profanter
Brixen

BRIXEN

Rossalm
Plose/Brixen

Mari
Gaderta

Peitlerkofel
Würzjoch

Karuna Schokolade
Klausen

KLAUSEN

A. Mayr Kondrak
Gröden

Langental
Gröden

Tabbla Toò
Seiser Alm

Korblift Langkofelscharte
Gröden

BOZEN

LEIFERS

Karersee
Eggental